Herausgegeben von Stratford Living Publishing

ISBN: 978-1-990332-74-6

ISBN Druck: 978-1-988201-84-9 (neue Version veröffentlicht im Jahr 2021)

Cathy McGough war in der Geschichte des Autors aus dem Jahr 1988 eine wahre Tapferkeit.

Kunst mit Canva Pro.

Shannon gewidmet

Habe jemals eines davon diese Tage?

Wenn du dich fühlst traurig und blau?

Du bleibst lieber im Bett...

Das können Sie tun!

Springen, springen, springen

Wie ein Karibu!

Montag ist einfach ein ganz normaler Tag

Immer zu viele Hausaufgaben!

Dann, wenn du kannst Endlich draußen spielen

Sie können Ihr nicht finden Lieblingsschuhe!

Das können Sie tun...

Springen, springen, springen

Wie ein Karibu!

Dann wirst du dich glücklich fühlen

Dann wirst du froh sein

Du wirst haben
Die
allerbeste Zeit

Das hatten Sie noch nie!

Alles was Sie tun müssen

Ist Springen, springen, springen

Wie ein Karibu!

Wenn es draußen regnet

Oder Sie sind an Grippe erkrankt

Zerzause deine Haare Und...

Springen, springen, springen

Wie ein Karibu!

Springen, springen, springen

Wie ein Karibu!

Ich wette, du hast es noch nie gesehen ein trauriges Karibu

Oder ein trauriges Kalb, nicht wahr?

Das liegt daran, dass sie es wissen

Was genau zu tun ist...

Springen, springen, springen

Wie ein Karibu!

Dann wirst du dich glücklich fühlen

Dann wirst du froh sein

Du wirst das haben allerbeste Zeit

Das hatten Sie noch nie!

Alles was Sie tun müssen

Ist Springen, springen, springen

Wie ein Karibu!

WIR

KARIBUS!

Englische Versionen
Sprungserie:
Springe wie ein Känguru!
Spring in den Zoo!
Spring und sag P.U.!
Spring und sag Buh!
Springen Sie und sagen Sie, dass Valentinstag ist
Auch für Kinder!
Springe und suche nach einem Hinweis!
Spring und sag dir alles Gute zum Geburtstag!
Spring für alles Blau!
Springe, hüpfe und sage dir frohe Ostern!
Springe und sag Cock-A-Doodle-Do!
Springe und singe Da-Do-Do-Do!
Springe und frage wer? WHO?
Springe und kreische wie ein Kakadu!
Springe und frage: Bist du es oder Ewe?
Spring und sag: „In meinem Eintopf ist ein Iwww!"
Springen Sie und sagen Sie frohe Weihnachten!
Springt und jubelt frohes neues Jahr!
Springen Sie und sagen Sie, dass in einem Tutu e\in Mu-Muh ist!

Spring und sag: „Da ist ein Hase in meinem Haar!"
Spring und sag, meine Tante hat eine Ameise gegesse
Springe und sag, dass im Vergnügungspark
ein Erdferkel ist!

Klatschen Sie für die Serie
Klatschen Sie für 1!
Klatschen Sie für 2!
Klatschen Sie für 3!
Klatschen Sie für 4!
Klatschen Sie für 5!
Klatschen Sie für 6!
Klatschen Sie für 7!
Klatschen Sie für 8!
Klatschen Sie für 9!

Andere Kinderbücher:
Die Katze, die Hallo sagte
Die drei Felsbrocken
Billy Shakespeare
Billie Shakespeare
Lernen Sie, mit Symmetrie zu zeichnen

Sachbücher
103 Fundraising-Ideen für ehrenamtliche Eltern
mit Schulen und Teams